Wer auf andere Leute wirken will, der muss
erst einmal in ihrer Sprache mit ihnen reden.

KURT TUCHOLSKY

Besser präsentieren – mehr erreichen

52 Tipps für wirkungsvolle Präsentationen

MICHAEL MOESSLANG
INSTITUT FÜR PERSÖNLICHE WIRKUNG

Ein Taschenratgeber von Michael Moesslang

Bibliografische Information der Deutschen Nationalbibliothek
Die Deutsche Nationalbibliothek verzeichnet diese Publikation
in der Deutschen Nationalbibliografie; detaillierte bibliografische Daten sind im Internet über http://dnb.d-nb.de abrufbar.

Die Deutsche Bibliothek – CIP Einheitsaufnahme
Moesslang, Michael
Besser präsentieren – mehr erreichen
52 Tipps für wirkungsvolle Präsentationen
München, 2008
ISBN 978-3837041279

Lektorat: Kundri Böhmer-Bauer, München, www.boehmer-bauer.de
Cover: Michael Moesslang, München
Cover-Foto: Klaus D. Wolf, München, www.wolf-bild.de
Foto Rückseite: Reiner Pohl, München, www.pohlfoto.de
Layout und Satz: Michael Moesslang, München
Herstellung und Verlag: Books on Demand GmbH,
    Norderstedt, www.BoD.de

www.besser-wirken.de
besser-wirken@moesslang.com

Inhaltsverzeichnis

Teilnehmer, Fragen und Störungen

Innere Einstellung – Lampenfieber und Co.

Sich gut verkaufen

Technik, die begeistert

Vorwort

84 Prozent (!) aller Präsentationen werden von den Teilnehmern als langweilig oder sogar einschläfernd bezeichnet. Viele dieser Präsentationen verfehlen ihr dadurch Ziel.

Allzu oft vertrauen Vorstände, Manager, Projektleiter, Kundenberater oder Kontakter auf PowerPoint. Eine Software soll Überzeugungsarbeit leisten. Laptop und Projektor spielen die zweifelhafte Hauptrolle im Wettkampf um Aufträge, Etats und Entscheidungen. Präsentatoren verlassen sich auf die Folien mit Bullets und Statements, sie lesen oft die Texte vor und kommentieren sie rudimentär. 30 Millionen Präsentationen werden täglich weltweit gehalten, rund eineinviertel Millionen zeitgleich. Nur lächerliche drei Prozent davon gelten als inspirierend. Dabei gibt es sie, die Präsentationen, die die Zuhörer begeistern und mitreißen. Die Präsentationen, nach denen die Teilnehmer die gewünschte Entscheidung treffen. Die Präsentationen, die lange Zeit im Gedächtnis haften bleiben – und so zum Unternehmenserfolg einen wesentlichen Beitrag leisten.

Doch vieles überlassen wir dem Zufall. Wenn Sie bisher glaubten, allein Ihre Folien, Ihre Aussagen oder Ihr Produkt würden überzeugen, dann werden Sie auf den folgenden 52 Seiten eine Menge nützliche Tipps erhalten, wie Sie es besser machen können. Denn langweilige Präsentationen überzeugen nicht!

Einige hilfreiche Tipps sind bereits in meinem Buch **„Besser wirken – mehr erreichen"** (ISBN 978-3833450990, 4,95 €) enthalten und werden hier nicht wiederholt. Ich lege Ihnen diesen Ratgeber ergänzend ans Herz.

Da es nahezu unmöglich ist, alle Anregungen sofort in die Tat umzusetzen, empfehle ich Ihnen, jede Woche einen Tipp auszuprobieren. Dann haben Sie binnen eines Jahres nicht nur viele Tipps kennen gelernt, sondern diese auch mühelos in Ihren Alltag integriert.

Ich wünsche Ihnen nicht nur viel Erfolg, sondern auch jede Menge Spaß und Durchhaltevermögen beim Umsetzen der 52 Tipps für Ihre wirkungsvollen und überzeugenden Präsentationen.

Ihr Michael Moesslang

Wenn Sie Anregungen und Ideen haben – und insbesondere, wenn Sie mir von Ihren Erfolgen erzählen möchten –, dann freue ich mich über Ihre Nachricht unter **www.besser-wirken.de**

Weitere Links:
Web-Site: www.Michael-Moesslang.de
Blog: www.erfolgreich-wirken.de

1. Schluss mit Langeweile!

Sind Sie selbst oft Teilnehmer von Präsentationen? Haben Sie sich dabei schon einmal gelangweilt? Statistisch geschieht dies sogar bei 84 Prozent aller Präsentationen. Das ist nicht fair, denn Sie verlieren wertvolle Zeit durch die Teilnahme an Präsentationen, die zu viel Inhalt, zu wenig Struktur und zu wenig Nutzen bieten – und obendrein meist noch viel zu lange sind. Millionen Arbeitsstunden werden so vergeudet.

Rechnen Sie dies einmal für Ihr Unternehmen hoch – Sie werden die enorme Verschwendung der wertvollsten aller Ressourcen erkennen: der Zeit der Menschen.

Das bedeutet für Ihre eigenen Präsentationen, dass die Gefahr zu langweilen ebenso hoch ist. Ich habe mir deshalb seit langem die Devise gesetzt:

> **Ich habe nicht das Recht, meine Teilnehmer auch nur eine Minute zu langweilen!**

Das bedeutet, dass Sie immer alles daran setzen müssen, nicht zu langweilen. Dass der ein oder andere Teilnehmer sich einmal langweilt, kann aus den unterschiedlichsten Gründen, die nichts mit Ihnen zu tun haben müssen, trotzdem passieren. Doch dieses Motto ist ein erster Schritt auf dem langen Weg zum perfekten Präsentator!

2. Mit persönlicher Wirkung

Die Bezeichnung PowerPoint-Präsentation führt in die Irre. Die Präsentation ist das Ereignis, PowerPoint ist bestenfalls ein mögliches Hilfsmittel, keinesfalls die Präsentation an sich. Entscheidend für eine gelungene Präsentation ist eine überzeugende Art des Präsentators.

Was würden Sie vorziehen, wenn es darum geht, einen neuen Kunden zu gewinnen? Eine E-Mail mit einer angehängten PowerPoint-Datei oder eine persönliche Vorstellung Ihres Angebotes? Ich muss kein Hellseher sein, um zu vermuten, dass Sie Letzteres vorziehen. Ihnen ist die Bedeutung des direkten Kontaktes bewusst. Das ist der Grund, warum Präsentationen nicht einfach verschickt werden – obwohl diese Unsitte schon in manche Unternehmen Einzug gehalten hat.

Sie sind die Präsentation!

Die Teilnehmer wollen erleben, wie authentisch, überzeugt und überzeugend der Vortragende ist. Sie wollen zwischen den Zeilen Details herauslesen. Sie wollen ein Gespür für den Menschen entwickeln. Sie wollen die Präsentation erleben. Dabei spielt durchaus der Gedanke der Unterhaltung – Entertainment – eine wesentliche Rolle.

Nutzen Sie diese Chance wo immer Sie können, geben Sie sich nicht mit Kompromissen zufrieden.

3. Was wirkt? – Mythos Authentizität

Eine gute Präsentation ist eine Show. In einer internationalisierten Geschäftswelt spielt diese amerikanische Denkweise eine immer bedeutendere Rolle – zumal Angehörige vieler anderer Kulturen dies ebenso handhaben. Doch nicht der amerikanische Einfluss ist das Entscheidende – vielmehr die Erwartungshaltung der Teilnehmer, geprägt durch permanentes multimediales Entertainment.

Eine Präsentation eine Show? Ein Präsentator ein Entertainer? *„Ich will doch authentisch bleiben und mich nicht zum Affen machen!"* höre ich da rufen. Haben Sie schon einmal einen erfolgreichen Bühnenmenschen – gleich ob vom Theater, Fernsehen oder von einer Unternehmensbühne – privat erlebt? Legt er auf der Bühne wirklich dasselbe Verhalten an den Tag? Nein: Eine Bühne bildet einen anderen Rahmen. Authentizität dient vielen als Ausrede, Erwartungen, die eine Gruppe hat, nicht zu erfüllen.

Die Welt ist eine Bühne – das Leben ist ein Spiel.

Auf der Bühne gelten auch im Geschäftsleben andere Spielregeln als im Einzelgespräch. Authentisches Wirken entsteht durch Übung und wird zur Gewohnheit. Neulinge müssen sie sich erarbeiten, Profis haben sie: wirkungsvolle Präsenz vor Publikum. Sie ist inszenierter Teil ihres Verhaltens – und damit authentisch – geworden.

4. Die Bedeutung von Präsentationen

Oft werden am Tag vor einer Präsentation noch eilig aus einigen Dateien von Kollegen die interessantesten Folien zusammengesetzt und die Reihenfolge ein bisschen verändert, um dann in letzter Minute die Folien auf die Schnelle im Geiste durchzugehen. Leider werden allzu häufig Präsentationen so vorbereitet.

Zeit für eine genau auf die Zielgruppe abgestimmte Präsentation? Zeit für eine Dramaturgie? Zeit zu üben? – Fehlanzeige! Oder bestenfalls bei ganz wenigen wichtigen Präsentationen.

Was ist der Zweck einer Präsentation? Präsentationen entscheiden häufig über das weitere Vorgehen in einem Projekt, bringen die Kollegen auf den richtigen und wichtigen Stand, bereiten Kaufentscheidungen vor oder überzeugen gar Banken und Investoren von einer Finanzierung. Ist es da wirklich angebracht, mal eben ein paar Folien zusammen zu stellen? Eine Präsentation kann direkt oder indirekt über viel Geld, manchmal über Millionen, entscheiden, darüber hinaus über Arbeitsplätze und Unternehmen. Wie viel Vorbereitungszeit ist Ihnen das wert?

Präsentationen sind zu wichtig, um keine Zeit für die Vorbereitung und das Einüben zu haben!

Nehmen Sie sich die Zeit und behandeln Sie die Präsentation ihrer Bedeutung gemäß – und bei geringer Bedeutung sagen Sie sie besser ab!

5. Worauf kommt es Ihnen an?

Bevor Sie mit den Vorbereitungen beginnen, sollten Sie sich im Klaren sein, worauf es Ihnen ankommt. Was ist Ihnen bei Präsentationen wichtig, wenn Sie selbst Teilnehmer sind? Welche Erwartungshaltung haben Sie in Bezug auf den Präsentator, auf die Technik, das Umfeld, den Ablauf usw.

Übung: Notieren Sie sich ausführlich und im Detail all die Punkte, auf die Sie achten (das sollten mindestens 30 Punkte werden). Gliedern Sie diese nach verschiedenen Kriterien, wie oben bereits genannt. Danach prüfen Sie kritisch, inwieweit Sie selbst diese Kriterien in Ihren Präsentationen erfüllen und wo Sie noch optimieren können.

Vergleichen Sie die Merkmale auch mit Vorbildern. Sie können dazu im Internet Beispiele finden. So stellt Apple meist die Produktvorstellungen von CEO Steve Jobs, einem hervorragenden Präsentator, einige Wochen lang ins Netz. Und Plattformen wie YouTube bieten jede Menge gute und schlechte Beispiele. Wie erfüllen diese Redner die Kriterien? Was macht die Guten und ihren Erfolg aus?

Eine genaue Beobachtungsgabe ist der erste Schritt zum Erfolg. Kinder lernen durch Nachahmung – auch wir Erwachsene können von Vorbildern vieles abschauen oder zumindest erkennen, was wir besser machen müssen.

6.   Was erreichen Sie durch das Buch?

Ihre Zielvorstellungen decken sich vermutlich nicht vollständig mit den Vorschlägen in diesem Buch. Sie haben vielleicht andere Inhalte oder einen anderen Zeitrahmen festgelegt. Deshalb nehmen Sie sich das Inhaltsverzeichnis vor und legen Sie Ihr Ziel hinsichtlich der Arbeit mit diesem Buch fest.

Übung: Notieren Sie, was Sie mit Hilfe des Buches verändern wollen und bis wann Sie die jeweilige Verbesserung erreichen wollen. Richten Sie sich nach den Zielkriterien der letzten Übung.

7. Klarheit über Ihr Präsentationsziel

Stellen Sie sich vor jeder einzelnen Präsentation die Frage nach Ihrem Ziel: Was genau passiert, wenn die Präsentation erfolgreich ist? Welche Entscheidungen werden getroffen, welche nächste Schritte?

Eine Präsentation kann unterschiedliche Ziele haben: überzeugen, informieren, verkaufen, Entscheidungen herbeiführen oder Image erzeugen. Letztlich hängt immer eine Menge davon ab.

Übung: Erarbeiten Sie schriftlich, was Ihre genauen Ziele sind (Beispiele):

1. Was genau wollen Sie erreichen?

2. Wo ist Ihre Grenze, die Sie sich, bei einem möglicherweise nötigen Kompromiss, setzen werden?

3. Welche Punkte wollen Sie bewusst ausklammern?

4. Welche Entscheidungen sollen getroffen, welche Aufgaben wie verteilt werden?

5. Welche Auswirkungen soll die Präsentation auf Ihre Beziehung zu den Teilnehmern haben?

8.   Die Zielgruppe kennen

Eine Hausaufgabe wird oft vergessen: Es hilft Ihnen, wenn Sie über die Teilnehmer so viel wie möglich in Erfahrung bringen. Fragen Sie hartnäckig nach. Im Zweifel informieren Sie sich lieber über einen Teilnehmer zu viel, der womöglich dann doch nicht kommt.

Beziehen Sie Ihre eigenen Beobachtungen und Erfahrungen mit ein, befragen Sie Kollegen oder recherchieren Sie im Internet (in Xing verraten viele sogar ihren Werdegang und ihr Hobby). Je mehr Sie über Ihre Teilnehmer wissen, desto besser können Sie einschätzen, wie diese Informationen aufnehmen und Entscheidungen treffen.

Übung: Erarbeiten Sie die folgenden Punkte:

1. Wer entscheidet offiziell, wer tatsächlich? Entscheidet der fachlich Kompetenteste oder der hierarchisch Höchste? Oder jemand ganz anderes?

2. Wer ist an der Entscheidung beteiligt (z. B. Einkauf, Controlling, Anwender, Abteilungsleiter)

3. Welche Kriterien spielen bei der Entscheidung die größte Rolle? Finanzielle Aspekte übernehmen oft nur vordergründig die bedeutendste Rolle.

4. Welche sonstigen Motive können eine Entscheidung beeinflussen?

9. Die Interessen der Teilnehmer

Im Publikum sitzen vielleicht eine Einkäuferin, ein Controller, drei Entwickler, der Abteilungsleiter, der Geschäftsführer und seine Assistentin. Jeder hat andere Interessen.

Zunächst sind da die Interessen, die aus der jeweiligen Aufgabe resultieren. Der Entwickler interessiert sich z. B. für die Leistungsaspekte, der Einkäuferin sind dagegen die Konditionen wichtig.

Darüber hinaus existieren auch persönliche und politische Interessen. Vielleicht hat ein Teilnehmer gestern fachlich das Gegenteil behauptet und möchte nun – obwohl inhaltlich längst von Ihrem Standpunkt überzeugt – sein Gesicht wahren? Oder er sieht zwar die Notwendigkeit der Investition – doch gefährdet dies gleichzeitig ein anderes Projekt, für das er ebenfalls verantwortlich ist. Oder er kann Ihre Darstellung des Zeitrahmens nachvollziehen, hat jedoch seinem Kunden bereits einen früheren Zeitpunkt zugesagt. Oder eine Entscheidung in Ihrem Sinne bedeutet für ihn eine Verschiebung seines Urlaubes.

All dies sind Kriterien, die nichts mit der Sache zu tun haben. Normalerweise werden diese Hintergründe nicht ausgesprochen. Kennen Sie diese nicht, wundern Sie sich über einen Gegner. Sind Ihnen die Zusammenhänge im Vorfeld klar, können Sie frühzeitig Lösungen präsentieren oder zumindest entsprechend argumentieren.

10. Hinauf zum Gipfelkreuz

Mit dem „*Gipfelkreuz*" bezeichne ich Folgendes: Jeder Teilnehmer kommt mit unterschiedlichem Wissen, mit bestimmten Fähigkeiten und Emotionen zu Ihnen. Am Ende der Präsentation soll jeder Zuhörer neue Informationen aufgenommen haben, neue Denkweisen angenommen haben sowie rational und emotional Entscheidungen treffen: Sie haben Ihr Publikum zu neuen Höhen geführt.

Das Gipfelkreuz bietet Zuhörern und Ihnen Orientierung!

Definieren Sie Ihren Gipfel und teilen Sie dies zu Beginn der Präsentation mit. Der Ausblick auf das Gipfelkreuz stellt einen Nutzen für die Teilnehmer dar und sorgt in der Folge für Aufmerksamkeit.

Übung: Definieren Sie während der Vorbereitung:

1. die für den Aufstieg nötigen Informationen, beziehen Sie dabei Vorwissen und Fähigkeiten mit ein.

2. den Nutzen, der durch die Besteigung entsteht.

3. die Emotionen, die die Teilnehmer beim Erreichen des Gipfels erleben sollen.

Der Gipfel zeichnet den Weg klar vor und markiert den dramaturgischen Höhepunkt gegen Ende Ihrer Präsentation. Er bringt die Teilnehmer zum Handeln, lässt sie kaufen oder andere Entscheidungen treffen.

11. Struktur und roter Faden

Sobald Sie das Gipfelkreuz kennen, zeigt sich der Weg. Was dient der Zielerreichung, was lenkt ab? Welche logische Reihenfolge ergibt sich daraus? Erstellen Sie eine zunächst grobe Struktur. Entscheidend ist dabei ein erkennbarer Roter Faden, der klar auf Ihr Ziel, das Gipfelkreuz, hinführt.

In Tucholskys „Ratschläge für einen schlechten Redner" heißt es ironisch: „*Hier hast Du schon alles, was einen schönen Anfang ausmacht: eine steife Anrede; der Anfang vor dem Anfang; die Ankündigung, dass und was du zu sprechen beabsichtigst …* " Ist es nun besser, den Teilnehmern vorab eine genaue Übersicht zu geben, was sie erwartet? Oder ist es besser, sie damit nicht zu langweilen und es spannend und überraschend zu halten?

Es gibt keine Ideallösung. Manche brauchen einen Überblick, um folgen zu können. Gleichzeitig nimmt das anderen die Spannung. Meine Empfehlung: Liefern Sie bei Präsentationen von mehr als zehn Minuten Ihren Gästen eine schriftliche Agenda, die nicht zu viel verrät. Legen Sie diese aus, sprechen Sie das Blatt aber nicht durch. Können Sie darin Nutzen versprechen, statt nur Programmpunkte aufzulisten?

Geben Sie auch die Zeiten von Pausen und Schluss bekannt und halten Sie sich daran.

12. Was ist drin für mich?

Sind Sie im Vertrieb tätig, dann kennen Sie das: *„Argumentieren Sie aus der Sicht des Kunden!"* Erstaunlicherweise tappen auch Profis immer wieder in die Falle. Auf die Frage *„Warum sollte der Kunde gerade bei Ihnen kaufen?"* antworten viele mit *„Weil wir ... ",* *„Weil unser Produkt ... "* usw. Verwenden Sie: *„Sie, Ihr ... "* statt *„wir, unser, ich ... "*

Die Teilnehmer sind ständig mit einer Frage beschäftigt. Und diese läuft – bewusst oder unbewusst – bei jedem einzelnen Satz mit, den Sie sagen:

Teilnehmer fragen sich immer: „Und was bringt mir das?"

Sie machen eine Aussage und jeder Teilnehmer fragt sich sofort, was sie für ihn persönlich oder sein Unternehmen bedeutet und welche Vorteile das Gesagte hat. Es ist nun Ihre Aufgabe, darauf eine Antwort zu geben.

Schlüpfen Sie in die Schuhe Ihrer Teilnehmer!

Ihre Teilnehmer haben andere Interessen als Sie, womöglich hat sogar jeder Einzelne andere *(siehe Tipp 9).* Denken Sie aus deren Sicht und überlegen Sie, welcher Nutzen für Ihre Zuhörer enthalten ist. Interessiert es wirklich, wie viel Umsatz Ihr Unternehmen die letzten Jahre gemacht hat? Was ist der Nutzen? Wenn Sie keinen finden, lassen Sie die entsprechende Aussage einfach weg.

13. Teilnehmer erwarten den Nutzen

Eine Struktur ist wichtig, Inhalte und Argumente ebenfalls. Doch all das zählt wenig, wenn der Teilnehmer nicht sofort erkennt, wo für ihn dabei der Vorteil liegt. Ihr Text muss deswegen im Detail nach einem simplen Muster aufgebaut sein:

Behauptung — Argument/Beweis — Nutzen

Scheuen Sie sich nicht, den Nutzen immer und immer wieder zu betonen. Glauben Sie nicht, der Zuhörer denkt sich seinen Nutzen, sobald Sie Ihr Argument sagen. Lassen Sie ihn gar nicht zum Denken kommen, geben Sie ihm den Nutzen deutlich vor. Wer weiß, was er sonst denkt? Vielleicht folgert er anders als Sie? Sprechen Sie den Nutzen häufig und in unterschiedlichen Worten an.

Ein Beispiel:

1. **Behauptung:** *„Präsentationen können dem Präsentator und den Teilnehmern Spaß machen."*

2. **Beweis:** *„Haben Sie schon einmal eine Keynote vom Apple-CEO Steve Jobs gesehen? Das ist eine perfekt inszenierte Show ohne vordergründige Effekte, wie beispielsweise wildes Herumhüpfen oder bunte PowerPoint-Animationen."*

3. **Nutzen:** *„Für Sie lohnt es sich, diese anzusehen, denn durch solche Vorbilder können Sie viel lernen."*

14. Wie viel kann man sich merken?

Es hängt von unterschiedlichen Aspekten ab, wie viel Menschen behalten können: Menge an Informationen, Detailgehalt oder Bezug des Teilnehmers zum Thema. In der Regel erinnert man sich nach einer Stunde nur noch an deutlich unter 20 Prozent des Gehörten, am nächsten Tag ist oft nur noch ein Prozent abrufbar. So merken sich Teilnehmer mehr:

1. Emotionen: z. B. Geschichten, Humor, Betroffenheit

2. Dinge selber sagen: Aktives Einbeziehen durch Fragetechniken und Interaktion *(siehe Tipp 23)*.

3. Dinge selber machen: Lassen Sie z. B. Produkte anfassen, Software ausprobieren oder Beiträge aufs Flipchart malen.

4. Visualisierungen. Doch Vorsicht: Ein Textchart ist keine Visualisierung. Anders dagegen Gesten, Fotos, Illustrationen und innere Bilder, die durch Vorstellungskraft in den Köpfen entstehen.

Trotzdem: Reduzieren Sie Ihre Inhalte auf ein Minimum und verbannen Sie alle überflüssigen Details ins Handout. Reduzieren Sie, bis der höchste Grad an Wirkung erreicht wird. Je weniger Sie präsentieren, desto mehr bleibt hängen! Überfordern Sie nicht!

Weniger ist mehr – alles raus was geht!

15. Reduzieren bis zum Optimum

Täglich strömen Millionen oder Milliarden Sinneseindrücke auf uns ein. Das bedeutet einerseits, eine Präsentation muss herausragen, indem sie unterhält und lebendig Inhalte vermittelt: *Infotainment*.

Andererseits gilt die Devise „*Reduce to the Max*" ganz besonders: Reduzieren bis zum Optimum. Eine Präsentation ist dann gut, wenn Sie nichts mehr weglassen können! Es ist kontraproduktiv, die Gäste mit Details zu überfordern; sie können sich diese ohnehin nicht merken. Teilen Sie deshalb Teilnehmerunterlagen am Ende der Präsentation aus. Darin bieten Sie Interessierten Hintergundwissen, das für die Zielerreichung der Live-Präsentation nicht unmittelbar erforderlich ist.

Reduce to the Max!

Überprüfen Sie immer wieder: Ist die Information, die Sie auf der Folie haben oder die Sie mündlich geben wollen, notwendig? „*Kann ich ohne diese Aussage das Ziel erreichen?*" Wenn Sie diese Frage nur teilweise mit „*Ja*" beantworten können, verbannen Sie die Informationen in die schriftlichen Unterlagen.

Nutzen Sie die Zeit besser für eine spannende, begeisternde und emotionale Art der Übermittlung. Erzeugen Sie Emotionen und Bilder statt „*information overload*" (durch zu viele Informationen überfordert)!

16. Take-Home-Message – Ihr USP

Kennen Sie aus dem Marketing den Begriff USP, Unique Selling Proposition, der einzigartige Verkaufsvorteil? Die Grundidee ist eine – und wirklich eine! – zentrale Aussage zu treffen, die das Produkt von allen anderen unterscheidet. Dies kann rational oder emotional sein, wobei Letzteres meist besser funktioniert, wie diese Slogans zeigen: *„Aus Freude am Fahren"* (BMW), *„Ich bin doch nicht blöd"* (Media Markt) oder *„Engineered for men"* (IWC-Uhren).

Die Take-Home-Message ist der zentrale Gedanke, den Ihr Publikum mit der Präsentation verbinden soll. Gehen Sie davon aus, dass inhaltliche Details tatsächlich zu 99 Prozent verloren gehen: Was ist das eine Prozent, was ist Ihre Take-Home-Message, an die sich die Teilnehmer auch nach Monaten noch erinnern sollen? Das kann eine Geschichte sein, eine zentrale Aussage, eine Aktion, eine Demonstration oder etwas besonders „Merk-würdiges".

Wiederholen Sie Ihre Take-Home-Message bis sie sitzt!

Je nach Dauer und Thema Ihrer Präsentation, können Sie Ihren Gästen ein, zwei oder maximal drei solcher Botschaften mitgeben.

Ziel ist es, dass die Teilnehmer auch nach langer Zeit noch davon sprechen: *„Das war doch die Präsentation mit dem …"* So entsteht ein Anker im Kopf der Zuhörer.

17. Wiederholung und Betonung

Monotones Sprechen ist der Tod jeglicher Spannung und führt zu Vergessen. Neben wirkungsvoller Mimik, Gestik oder Modulation Ihrer Stimme verstärken einige rhetorische Mittel Ihre Aussagen:

1. **Direkte Wiederholungen:** Einen wichtigen Satz wiederholen Sie sofort nach einer kurzen Atempause wörtlich. Auch eine spätere wörtliche Wiederholung steigert die Bedeutung (Merksatz).

2. **Umgewandelte Wiederholungen:** Eine bedeutende Aussage formulieren Sie mehrmals um und bauen diese wiederholt in Ihre Präsentation ein.

3. **Betonungen:** Betonen funktioniert durch Sprechpausen vor und nach dem Wort oder Satz kombiniert mit Modulation Ihrer Stimme.

4. **Sprechpausen:** Eine Sprechpause wird von Zuhörern erst wahrgenommen, wenn Sie innerlich langsam bis drei zählen.

5. **Rhetorische Fragen:** Lassen Sie nach Ihrer Frage den Zuhörern etwas Zeit, damit sie diese still beantworten können.

Nutzen Sie diese Möglichkeiten bereits beim Verbalisieren *(siehe Tipp 20)* Ihrer Präsentation.

18. Spannung aufbauen

Monotones Sprechen langweilt. Schaffen Sie es dagegen mit Ihrer Stimme Höhepunkte zu setzen, können Sie Spannung aufbauen und dafür sorgen, dass die Teilnehmer gespannt Ihren Worten lauschen.

Wie in Tipp 17 erwähnt, sorgen Sprechpausen und das Modulieren der Stimme für Betonung. Um es jedoch richtig spannend zu machen, gehört auch das Setzen einer Pointe dazu. Ein Beispiel:

„Im letzten Jahr haben wir das neue Produkt eingeführt. Und niemand hat vorhersehen können, wie groß die Nachfrage ist … Auf Anhieb verkauften wir … 750 000 Stück! … …"

Dies funktioniert aus drei Gründen:

1. Die wichtige Aussage ist das allerletzte Wort, wie die Pointe im Witz.

2. An entscheidenden Stellen wurden Pausen gesetzt, hier durch drei Punkte symbolisiert.

3. Unterstützen können Sie dies durch den Einsatz des Flipcharts: Schreiben Sie in der Sprechpause vor der Zahl diese ganz langsam – dehnen Sie die Pause möglichst lang – in großen, dicken Buchstaben aufs Papier. Während Sie schreiben, sprechen Sie nicht. Die letzte Ziffer jedoch schreiben Sie erst in dem Moment, in dem Sie die Zahl dann – langsam – sprechen. Probieren Sie es aus!

19. Was ist ein Eimer?

Wenn ich „*Eimer*" sage, welches Bild eines Eimers entsteht in Ihrem Kopf? In der Regel visualisiert sich jeder einen anderen Eimer, oft den, den er zuhause hat. Doch entscheidend ist immer, was bei Ihnen ankommt, nicht was ich meine. Die Verantwortung für das richtige Verstehen liegt jedoch bei demjenigen, der etwas sagt, dem Sender.

Für Sie als Präsentator bedeutet das: Klären Sie immer ab, ob das, was Sie meinen, auch beim Empfänger verstanden wird. Das gilt insbesondere für Fachausdrücke, Abkürzungen, englische Begriffe oder Fremdwörter. Ein Beispiel sind intern gebräuchliche Abkürzungen von Unternehmensnamen. Wenn Ihr Unternehmen nicht vorwiegend unter dieser Abkürzung (BMW, 3M) bekannt ist, sprechen Sie immer den vollen Namen aus!

Gehen Sie nicht davon aus, dass Abkürzungen, Fachausdrücke und Fremdwörter jedem im Publikum geläufig sind. Setzen Sie diese nur ein, wenn Sie sicher sind, dass jeder sie kennt oder wenn Sie diese erklärt haben.

Wenn Sie generalisierende Wörter (z. B. Eimer, Liebe, Marktführer, Qualität) verwenden, spezifizieren Sie diese immer so weit, dass jeder genau weiß, was Sie im aktuellen Zusammenhang meinen. Marktführer in welchem Segment? Was verstehen Sie unter Qualität? Ab wann sprechen Sie von Wachstum?

20. Verbalisieren Sie jede Präsentation

Haben Sie Ihre Präsentation entwickelt und womöglich eine PowerPoint-Datei dazu erstellt, ist Ihre Vorbereitung noch nicht zu Ende. Häufig überlegen sich Präsentatoren nur *„zu dieser Folie erzähle ich etwas über die Umsatzentwicklung …"* und gehen so die Präsentation binnen weniger Minuten durch.

Übung: Eine optimale Vorbereitung erzielen Sie ausschließlich durch Verbalisieren. Das bedeutet, Sie schaffen sich eine realitätsnahe Atmosphäre ähnlich der Präsentation. Im Idealfall üben Sie im späteren Raum und mit Testpublikum. Nun sprechen Sie Ihre Texte laut: mit geeigneter Modulation, Mimik und Gestik! Stellen Sie sich dabei den vollen Saal vor.

Dies hat folgende Vorteile:

1. Ihr Text wird von Mal zu Mal wohlformulierter, Übergänge werden flüssiger und unnötige inhaltliche Wiederholungen fallen Ihnen auf.

2. Durch die mehrfache Wiederholung (sechs- bis zwölfmal) lernen Sie Ihren Text und müssen ihn später nicht mehr ablesen.

3. Sie erkennen den Zeitbedarf (Stoppuhr!).

4. Modulation, Mimik und Gestik werden natürlich.

5. Langweilige Passagen und Vortragsweisen fallen Ihnen auf und Sie können sie eliminieren.

21. Üben und mentale Vorbereitung

Sie halten immer wieder dieselbe oder eine ähnliche Präsentation vor wechselndem Publikum? Sie sind erfahren und denken, Sie müssen nicht mehr üben? Das ist der Beginn langweiliger Präsentationen!

Auch Profis müssen immer wieder Präsentationen üben.

Andernfalls schleicht sich eine Routine ein, die auffällt. Ihr Publikum hat ein feines Gespür dafür, ob Ihr Vortrag frisch, echt und authentisch wirkt, oder ob Sie ihn zum x-ten Mal herunterleiern.

Übung: Verbalisieren Sie Ihre Präsentation laut *(Tipp 20)*. Unmittelbar vor Ihrem Auftritt bereiten Sie sich folgendermaßen mental vor: Erzeugen Sie innere Bilder und Emotionen, wie Sie sie beim ersten Vortragen hatten. Stellen Sie sich vor, Sie geben diese Präsentation zum allerersten Mal. Sie wollen Ihr Publikum begeisternd mitreißen und zum Schluss einen ebenso echten Applaus erhalten wie Ihre Präsentation echt war.

22. Humor, Show und Action

Eine Präsentation muss Spaß machen! Das mag mancher deutschen Seele widerstreben. Doch je lebendiger, unterhaltsamer und abwechslungsreicher Sie vortragen, desto aufmerksamer sind Ihre Gäste und desto mehr können sie auch memorieren.

Halten Sie deren Sinne wach!

Setzen Sie alle Mittel ein, um die Sinne der Zuhörer anzusprechen. Authentischen Humor (Vorsicht, nicht jeder Witz ist geeignet und nicht jeder Sprecher ist humorvoll!) und aktive Show-Elemente liebt das Publikum. Das kann eine Demonstration sein, eine Metapher oder ein Eisbrecher[1]. Oder springen Sie auf den Tisch, brüllen oder flüstern Sie plötzlich, spielen Sie Musik, werfen Sie einen Papierflieger oder schütten Sie ein Glas Wasser aus. Der einzige Maßstab ist dabei, dass Sie damit Ihre Aussage unterstreichen. Publikum akzeptiert keinen Spaß ohne Sinn!

Jedes Show-Element muss das Thema unterstützen!

Eingespielte Filme können ebenfalls zweckdienlich sein, doch ist hier oft Langeweile vorprogrammiert und die Aufmerksamkeit zu lange von Ihnen weg. Deshalb maximal einen 30-Sekünder.

---

[1] Ein Eisbrecher ist ein aufmerksamkeitsstarker Beginn in Form einer Frage, Geschichte, provozierenden Aussage, Demonstration etc. Siehe mein Buch „Besser wirken – mehr erreichen".

23. Durch Fragen Fragen aktivieren

Wie gehen Sie mit Fragen um? Manch Präsentator verbannt die Fragen an den Schluss. Er glaubt so, seine Zeit im Griff zu haben, den Faden nicht zu verlieren, nicht aus dem Konzept gebracht zu werden und unpassenden Fragen zu entkommen.

Ja, es lauern Gefahren. Doch angenommen, Sie wissen mit jeder Frage umzugehen und behalten dabei stets Zeit und Struktur im Griff, wäre es nicht besser die Fragen sofort zuzulassen?

Versetzen Sie sich in die Lage des Zuhörers. Wenn er etwas für sein Verständnis nachfragen muss, wenn er eine entscheidende Anmerkung hat, ist es da wirklich sinnvoll, dies erst am Ende zu klären? Der Teilnehmer beschäftigt sich vielleicht fortan mit seiner Frage – seinem „Problem" – und hört nicht mehr zu.

Beziehen Sie Teilnehmer immer mit ein!

Nur durch aktives Einbeziehen Ihrer Teilnehmer können Sie feststellen, ob diese noch bei Ihnen sind, ob sie Ihnen zustimmen oder vollkommen anders denken. Ich empfehle Ihnen daher, sie gezielt zu aktivieren. Stellen Sie Verständnisfragen und bitten Sie um Meinungen. Die dafür nötige Zeit ist gut investiert, muss jedoch vorher eingeplant werden. Sie wertschätzen Ihre Teilnehmer, die sich dadurch wohl fühlen. Und das sollte doch Ihr Maßstab sein, oder?

24. Interaktion bedeutet Sicherheit

Sie werden sich selbst sicherer fühlen, wenn Sie wissen, wie Ihre Teilnehmer denken. Es gibt nichts was einen Redner mehr verunsichert, als in regungslose Gesichter zu blicken. Durch eine lebendige Interaktion erkennen Sie selbst bei denen, die nichts beitragen, ob Sie noch bei Ihnen sind. Deren Mimik und Gestik wird auftauen, Blicke sprechen nun eine klare Sprache. Nicht zuletzt gibt das auch Ihnen selbst ein gutes Gefühl.

Binden Sie das Publikum ein und Sie fühlen sich sicher!

Bei Wettbewerbspräsentationen wird selten nachgefragt und inhaltliche Diskussionen werden sogar gezielt vermieden. Doch auch hier können Sie durch Fragen, die die Jury nicht zu einer wertenden Aussage nötigen, eine Auflockerung der Atmosphäre erreichen. Gerade hier ist ein gutes Gefühl für die Atmosphäre wichtig und erzeugt bei Ihnen Sicherheit.

Präsentationen werden emotional gewonnen – auch die strengsten Zuhörer können sich nicht von Sympathie und Emotion frei machen. Bauen Sie also schnell eine persönliche Brücke und setzen Sie Bilder und Emotionen ein.

25. Dauerredner – auch mal abwürgen?

Eine der Gefahren bei aktivem Publikum sind Fragesteller, die nicht aufhören wollen. Sie bereiten in endlosen Sätzen ihre Frage vor, oder – noch schlimmer – stellen gar keine Frage, sondern teilen eigene Erfahrungen mit. Dies kann Ihren Zeitplan gefährden. Doch was können Sie tun?

1. Wenn Sie vermuten, dass dies passiert, vereinbaren Sie zu Beginn Spielregeln zur Redezeit.

2. Wenn ein Teilnehmer nicht auf den Punkt kommt oder nur erzählt statt zu fragen, unterbrechen Sie sanft und fragen Sie, was denn seine Frage sei.

3. Unterbrechen Sie, indem Sie paraphrasieren[2] und Wertschätzung zeigen (z. B. Danken).

4. Jemanden der wiederholt fragt, bekommen Sie in Griff, indem Sie nach einer Weile die Fragen notieren und ihm eine spätere Antwort zusagen. Diese geben Sie natürlich auch, nur jetzt nicht.

5. Jemanden, der ständig sein eigenes Beispiel nachschiebt, fragen Sie beim nächsten Mal so deutlich nach seinen Erfahrungen, dass dieser es merkt.

Seien Sie dabei stets wertschätzend und hüten Sie sich, jemanden bloß zu stellen oder anzugreifen.

---

[2] Paraphrasieren = in eigenen Worten zusammenfassen, Tipp 29.

26. Niemand widerspricht sich selbst!

Untersuchungen haben gezeigt, dass Menschen sich besser merken können, was sie selbst sagen, als das, was sie nur hören und sehen. Dazu kommt, dass viele Menschen anderen gerne widersprechen – nur nicht sich selbst. Es ist also geschickt, die Teilnehmer selbst sprechen zu lassen, anstatt alles zu erzählen.

Menschen behalten 70 Prozent dessen, was sie selbst sagen!

Durch geschicktes Fragen können Sie diesen Effekt nutzen. Dabei reagieren Erwachsene auf ein Ausfragen, wie sie es aus der Schule kennen, ebenso ablehnend wie auf plumpe Suggestiv-Fragen. Es gehört ein bisschen Übung in Fragetechniken dazu, das richtige Ergebnis zu erreichen. Erzielen Sie jedoch den Aha-Effekt, den Moment der Erkenntnis, dann gibt es kaum ein Argument, das dies jemals wieder entkräften könnte.

Weitere Möglichkeiten sind

1. stückweises Aufbauen Ihrer Argumentationskette, bei der der letzte Schritt – das Aha-Erlebnis – beim Zuhörer selbst entsteht.

2. erkenntnisreiche Demonstrationen und selbst ausprobieren lassen.

3. neugieriges, völlig offenes Fragen nach Erfahrungen und Denkweisen.

27. Druck erzeugt Gegendruck

Menschen widersprechen sich selbst nicht, sie wollen ihr Gesicht wahren. Oft tun sie das um jeden Preis, selbst wenn sie längst erkannt haben im Unrecht zu sein. Hilft nun argumentieren? – Nein!

Jetzt bleibt nur noch mit Engelszungen zu sprechen, jede Argumentation gegen seine Aussage wird der Teilnehmer ablehnen und zu entkräften versuchen.

1. Akzeptieren Sie zunächst, dass er eine andere Sichtweise hat und sagen Sie ihm das. Aus seiner Sicht hat er ja vermutlich Recht – und unterschiedliche Meinungen und Schlussfolgerungen sind legitim und selbstverständlich.

2. Bitten Sie ihn, Ihre Ansicht anzuhören: *„Ich lade Sie ein, meine Denkweise kennen zu lernen."*

3. Versuchen Sie auf keinen Fall, ihn zu überreden oder zu überzeugen. Es geht nicht darum, Recht zu behalten, sondern den Teilnehmer zu gewinnen!

Auf Druck reagieren Menschen mit Gegendruck!

Entsteht aus zwei unterschiedlichen Sichtweisen eine Diskussion, besteht die Gefahr, dass der Teilnehmer gewinnt – zumindest in seinen und den Augen anderer. Entgehen Sie dem, indem Sie die unterschiedlichen Sichtweisen klar nebeneinander stellen.

28. Was fragt der Frager?

Bei schwierigen Fragen aus dem Publikum neigen wir dazu, sie als Angriff auf unsere Person zu interpretieren. Dabei muss das gar nicht die Absicht sein.

Viele Fragesteller formulieren ihre Fragen so, dass sie einen suggestiven, ablehnenden oder gar aggressiven Unterton haben. Dies ist oft nicht gewollt. Der Teilnehmer hat etwas von Ihnen gehört, zu dem er früher eine andere Information hatte, das er selbst bisher anders behauptete oder das er schlicht noch nicht mit anderen Informationen zu einem Ganzen verbinden kann. Er stellt nun seine Frage passend zu seinen eigenen Gedanken.

„Ist das nicht viel eher so, dass Alpha größer sein muss als Beta?" Diese Frage hört sich an, als wolle er Sie korrigieren. In Wahrheit ist ihm nur bisher kein Gegenbeispiel eingefallen, bei dem Alpha gleich oder kleiner sein kann. Dies will er nun von Ihnen hören und zwar lediglich, um zu verstehen, nicht um Sie zu testen oder gar zu widerlegen.

Überlegen Sie also zunächst, was die Absicht einer Frage oder eines Statements sein könnte. Unterstellen Sie lieber die freundlichste Absicht. Auf diese werden Sie vermutlich gelassener reagieren als auf einen unterstellten Angriff, oder?

29. Paraphrasieren Sie Fragen

Paraphrasieren ist das Spiegeln einer Frage. Wenn Ihnen jemand eine Frage stellt, formulieren Sie diese, bereits während Sie zuhören, still in eigene Worte um. Das hat drei Vorteile:

1. Sie bleiben aufmerksam und können die Bedeutung der Frage leichter verstehen.

2. Sie können sich bei längeren Fragen den Inhalt besser merken.

3. Bei kritischen Fragen können Sie Druck reduzieren, indem Sie einen Puffer einschieben, bevor Sie antworten. Fragen Sie nach, ob Sie die Frage richtig verstanden haben bzw. paraphrasieren Sie das Gefragte. Dadurch gewinnen Sie Zeit für eine gute Antwort und können sicher sein, den richtigen Aspekt zu treffen.

Viele gehen anders vor: Schon während die Frage gestellt wird, legen sie sich die Antwort zurecht. Nicht selten wird dann auf einen falschen Aspekt der Frage geantwortet. Schon sind sie in die Falle getappt!

30. Vier Fragearten erkennen

Grundsätzlich gibt es vier Fragearten, auf die Sie unterschiedlich reagieren sollten:

1. **Fragen zum Prozess**, also zur Tagesordnung, zu Pausenzeiten etc. Beantworten Sie diese knapp und sachlich, der Fragesteller braucht Struktur.

2. **Fragen zum Inhalt:** Hier geht es um Sachfragen, mit denen der Fragesteller – auch wenn sie manchmal ablehnend oder gar provozierend formuliert sind – tatsächlich den Inhalt hinterfragen will. Beantworten Sie sachlich und ohne Druck.

3. **Provozierende Fragen:** Will der Frager Sie tatsächlich angreifen? Oder spielt er den *Advocatus Diaboli* und will nur sicher gehen, dass er richtig verstanden hat? Vielleicht will er auch sein Gesicht wahren, da er bisher Abweichendes behauptet hat. Hinterfragen Sie und bleiben Sie ruhig.

4. **Ablenkende Fragen:** „*Wieso ist denn Ihr Logo auf dieser Folie jetzt links?*" Eine Frage, die nicht unmittelbar mit dem Thema zu tun hat. Der Fragesteller ist entweder nicht bei der Sache oder er möchte einen Nebenschauplatz eröffnen. Beantworten Sie entweder sehr knapp oder vertagen Sie die Frage auf einen späteren Zeitpunkt und weisen auf das eigentliche Thema hin, ohne zu belehren.

31. Wertschätzung statt Schlagfertigkeit

Es gibt – zum Glück nur selten! – Teilnehmer, die durchaus provozieren wollen oder gar aggressiv gegen Sie vorgehen. In der Regel greifen sie nicht inhaltlich an, sondern gehen gleich unter die Gürtellinie und werden persönlich oder sehr allgemein. Nun wünschen Sie sich vielleicht Schlagfertigkeit und wollen es mit größerer Münze heimzahlen? Vorsicht!

Schlagen Sie jetzt zurück, so kann dies nach hinten los gehen. Leicht solidarisiert sich das Publikum mit dem Angreifer, statt mit Ihnen. Deshalb meine Empfehlung: Gehen Sie auch mit provozierenden Teilnehmern wertschätzend um.

Menschlichkeit bringt weiter als Härte!

Das fällt oft nicht leicht, zumal ein frontaler Angriff aus dem Publikum womöglich Ihren Adrenalin-Spiegel ohnehin kräftig steigen lässt. Doch Gelassenheit und ruhiges, sachliches Reagieren auf den Angreifer überzeugt meist das Publikum mehr. So bleibt es auf Ihrer Seite.

Finden Sie die Absicht des Angreifers heraus, indem Sie seine Bemerkung betont sachlich hinterfragen. Weisen Sie ihn gegebenenfalls auf gemeinsame Ziele hin. Stellen Sie seine und Ihre unterschiedlichen Sichtweisen als gleichberechtigt dar.

Sollte er fortgesetzt stören, unterbrechen Sie und bitten Sie ihn zu einem Vier-Augen-Gespräch.

32. Die Rolle der anderen

Mit wem solidarisiert sich das Publikum, wenn unterschiedliche Meinungen im Raum stehen? Ein Teilnehmer behauptet das Gegenteil Ihrer Aussagen. Steht er alleine da, oder haben Sie nun alle gegen sich? Zunächst mag es Ihnen so erscheinen, da das Publikum meist ruhig bleibt und abwartet.

Beobachten Sie die Teilnehmer genau. Schüttelt jemand den Kopf, spricht er mit seinem Nachbarn? Manchmal kann man es wahrnehmen, wie die Anderen denken.

Sie haben auch die Möglichkeit und das Recht zu fragen: *„Wie sehen die anderen Teilnehmer das, wie sind Ihre Erfahrungen?"* Die Gefahr ist, dass keiner Ihrer Meinung ist. Stellen Sie die Frage also nur, wenn Sie auf einige Zustimmungen vertrauen können.

Lassen Sie beide Meinungen nebeneinander stehen, wenn dies möglich ist und das Ergebnis nicht negativ beeinflusst. Versuchen Sie in diesem Falle nicht „eine Schlacht zu gewinnen".

Geht es darum, Ihre Meinung durchzusetzen, müssen Sie argumentativ und vor allem emotional nachlegen, Überzeugungsarbeit leisten. Doch in diesem Falle haben Sie vermutlich vorher bereits mit unterschiedlichen Meinungen gerechnet.

33. Aufgebrachtes Publikum einfangen

Es gab eine heftige Diskussion, das Publikum will Ihre Aussagen nicht akzeptieren oder ist mit Inhalten Ihres Vortrages nicht einverstanden. Es bleibt Ihnen nur noch der geordnete Rückzug?

Versuchen Sie zunächst die Wogen zu glätten. Das geht am besten, indem Sie die Diskussion auf eine höhere Ebene, die Meta-Ebene, führen und nach dem gemeinsamen Ziel fragen. Klären Sie die Interessen des Publikums und betonen Sie dabei Übereinstimmungen mit Ihren eigenen Interessen.

Auf der Meta-Ebene werden Gemeinsamkeiten geklärt!

Durch das Verlassen der Ebene der unterschiedlichen Standpunkte hinauf zu einer übergeordneten Meta-Ebene, kühlen in der Regel die Emotionen sehr schnell ab. Denn auf dieser Ebene finden die Parteien meistens gemeinsame Ziele.

Spricht man nun miteinander über Interessen statt über Positionen, können Sie danach den Versuch starten, Ihre Meinung in Ruhe darzustellen. Lassen Sie nun das Publikum sich selbst eine Meinung bilden. Setzen Sie gezielt Fragetechniken ein, ohne suggestiv zu fragen.

34. Lampenfieber – hat es etwas Gutes?

Viele Bühnenprofis – ebenso wie Präsentatoren – glauben Lampenfieber hinnehmen zu müssen, um konzentriert zu bleiben. Ich glaube nicht, dass Lampenfieber nötig ist. Doch wenn Ihnen diese Überzeugung hilft, mit Lampenfieber besser umzugehen, dann ist sie für Sie richtig.

Nehmen wir die Bühne oder den Auftritt vor einer Gruppe als Gefahr wahr, schüttet der Körper Adrenalin aus. Dies ermöglicht schnelle Flucht oder Stärke im Kampf. Leider entzieht es dem Gehirn Energie und die Folge ist reduzierte Denkfähigkeit.

Übung und Erfahrung helfen gegen Nervosität, da Bekanntes weniger als Gefahr wahrgenommen wird!

Deshalb sollten Sie unbedingt etwas dagegen tun, wenn Sie nervös, aufgeregt oder sogar stark vom Lampenfieber heimgesucht werden. Nutzen Sie frühzeitig jede Gelegenheit, sich an Publikum zu gewöhnen. Sogar das Stellen von Fragen in Vorträgen anderer hilft, sich an die Aufmerksamkeit einer Gruppe zu gewöhnen. Auch häufiges Verbalisieren und die dadurch höhere Textsicherheit macht Sie gelassener.

Im Buch „Besser wirken – mehr erreichen" habe ich bereits das Umdeuten angesprochen. Im nachfolgenden noch weitere Tipps, ruhiger zu werden und so Herr Ihrer Sinne und geistigen Kräfte zu bleiben.

35. Ihr Auftritt macht Sie gelassen

Sind wir aufgeregt, wird die Atmung flach. Deswegen helfen Atemtechniken durchaus. In der Regel haben Sie jedoch keine Möglichkeit, direkt vor einer Präsentation beispielsweise spazieren zu gehen, wie es oft geraten wird.

Die ersten Sekunden Ihres Auftritts sollten Sie jedoch genau inszenieren und dafür nutzen, ruhig zu werden.

1. Zunächst gehen Sie erst dann vor die Gruppe, wenn Sie mit Ihrem Vortrag beginnen wollen. Halten Sie sich davor draußen oder im Publikum auf.

2. Stellen Sie sich ruhig und gerade hin. Nun achten Sie auf Ihren Atem: Atmen Sie bewusst bis in den Bauch und die Flanken. Tiefes Atmen reduziert Stress und damit Ihre Nervosität.

3. Nehmen Sie gleichzeitig Blickkontakt mit dem Publikum auf, ohne jedoch schon zu sprechen. Beginnen Sie mit Ihren ersten Worten erst dann, wenn Sie und Ihre Teilnehmer ruhig sind.

Dadurch, dass Sie Ihren Auftritt sorgfältig beginnen, werden Sie selbst entspannt und gelassen. Ihre Atmung unterstützt Sie dabei. Auf Ihr Publikum wirken Sie kompetent und ruhig.

36. Ihr Publikum virtuell verändern

Wir haben eine innere Vorstellung von jedem Menschen, den wir kennen. Dabei spielt die imaginäre Position der Person eine Rolle (Entfernung und Richtung), die Größe in Relation zu Ihnen selbst sowie die Blickrichtung der Person. Es gibt jedoch kein allgemein gültiges besser oder schlechter, es ist Ihr individuelles Szenario.

Übung: Probieren Sie es mit geschlossenen Augen aus: Wie nehmen Sie sich selbst wahr, wie andere Menschen? Da es sich um Ihre eigene innere Vorstellung handelt, können auch nur Sie selbst dieses Szenario verändern. Das Erstaunliche dabei ist, dass sich Ihre Einstellung zu der Person dadurch verändert.

Nehmen wir an, Sie nehmen Ihr Publikum sehr nah wahr und einige Personen vergleichsweise groß. So kann es sein, dass die großen Personen Ihnen mehr Respekt einflössen und die Nähe allgemein auf Sie bedrohlich wirkt. Schieben Sie die Gruppe um ein Stück weg und überprüfen Sie, ob es dadurch für Sie angenehmer wird – wie weit ist angenehm? Vielleicht muss die Gruppe auch nur einfach etwas seitlicher stehen. Verändern Sie auch die großen Personen und machen Sie diese so klein, wie es für Sie hilfreich ist. Oder stellen Sie einmal eine wichtige Person an Ihre Seite als Unterstützer. Probieren Sie aus, was für Sie am besten ist.

37. Hemmungen

Obwohl Sie Ihre Präsentation geübt und verbalisiert haben und dabei deutliche, lebendige und unterstützende Mimik, Gestik und Modulation einstudiert haben, ist plötzlich alles weg, sobald Sie vor Publikum stehen? Große Gesten und lange Sprechpausen kommen uns plötzlich übertrieben vor. Wir wollen uns vor peinlichen Momenten schützen und spielen lieber klein, sobald wir beobachtet werden. Wir haben plötzlich Hemmungen und wollen uns nicht einer vermeintlichen Lächerlichkeit preisgeben.

Das Resultat sind Gleichförmigkeit vom ersten bis zum letzten Wort und in der Folge Langeweile.

Übung: Stellen Sie sich in Gedanken und mit inneren Bildern Ihre Körpersprache mental vor. Vielleicht haben Sie schon einmal gesehen, wie Sportler sich die Rennstrecke oder den Sieg vor dem Wettkampf mental ankern. Wie Sportler die Rennstrecke gehen Sie Ihren Auftritt innerlich durch und visualisieren entscheidende Stellen mit der gewünschten Gestik, Mimik und Betonung. Ankern Sie Ihren Erfolg mental!

Mit der Erfahrung wird es immer einfacher, vor Publikum professionell authentisch zu wirken.

38. Betonung von Stärken

„Ich hatte leider nicht mehr Zeit, das hier auszuarbeiten." Solche Entschuldigungen zeigen nicht nur, dass Sie das Publikum wenig respektvoll behandeln, sondern vor allem, dass Sie unnötig Ihre Schwächen in den Vordergrund stellen.

Menschliche Schwächen können zwar sympathisch machen, Versprecher beispielsweise. Doch Schwächen zu betonen, wirft schlechtes Licht auf Sie.

Betonen Sie Stärken, ohne dabei anzugeben!

Stellen Sie Ihre Leistung und Ihren Anteil am Erfolg in den Vordergrund. Und hatten Sie einmal tatsächlich nicht die Zeit, verkaufen Sie es positiv: *„Hier haben wir kurzfristig noch Verbesserungspotential erkannt und arbeiten gerade eine neue Version aus."*

Um nicht angeberisch zu wirken, hilft der Trick, andere vorzuschieben: *„Unsere Kunden schätzen besonders unsere …"* oder *„Herr Müller hat mich erneut mit einem Projekt beauftragt, weil …"* Eine andere Möglichkeit ist Humor, wenn er Ihnen liegt: *„Selbstverständlich haben Sie mit mir den Besten des Fachs – das behaupten zumindest meine Kinder."*

Wie Sie es auch formulieren: Stellen Sie Ihre Stärken in den Vordergrund – nicht Ihre Schwächen. Menschen kaufen nicht von Schwächlingen!

39. Selbst-Marketing: Werbung und PR

Um sich selbst, das eigene Können und die eigene Leistung zu verkaufen, hilft es, Fürsprecher zu haben. Es wirkt immer stärker und glaubwürdiger, wenn andere Sie empfehlen. Dazu müssen Sie diese erst überzeugen.

Übung: Überlegen Sie, wer Sie empfehlen kann und dies auch tun würde. Machen Sie sich eine Liste der Menschen, die Sie kennen und wägen Sie ab, wie geeignet diese Personen als Empfehlungsgeber sind.

Stellen Sie dann sicher, dass diese Personen wissen und genau verstehen, was Sie besonders auszeichnet. Haben diese Personen wirklich eine klare Vorstellung Ihrer Stärken und Ihres Angebotes?

Bei einer Präsentation kann es in diesem Sinne besonders hilfreich sein, wenn ein anderer Sie anmoderiert. Geben Sie demjenigen Stichworte oder einen Text vor. Handelt es sich um eine interne Präsentation vor Kollegen unterschiedlicher Abteilungen, bitten Sie Ihren Vorgesetzten, Projektleiter oder Vorredner darum, ein paar Worte zu Ihnen zu sagen. Es wirkt sympathischer und glaubwürdiger, wenn diese erzählen, wie groß Ihr Anteil an der Leistung ist.

So bringen Sie entscheidende Informationen über sich in Umlauf und können sicher sein, dass sich Ihre Stärken herumsprechen werden. Das ist Selbst-PR! Empfehlen Sie im Gegenzug Ihre Empfehler, werden diese Sie umso lieber empfehlen.

40. Redner anmoderieren

Immer wieder werden Sie in die Situation kommen, einen Präsentator anzumoderieren. Oder Sie helfen jemandem, der Sie anmoderiert, mit einer Vorgabe. Ein einfacher Aufbau lässt jede Anmoderation gelingen:

1. Was ist der Nutzen für das Publikum, womit wecken Sie Interesse? *„Mit viel Humor werden Sie gleich in die Geheimnisse eingeweiht, wie …"*

2. Was macht den Redner zu einem Experten? Machen Sie ihn zum Helden, ohne zu übertreiben: *„Seit Jahren gilt es als der Experte für …"*

3. Geben Sie gegebenenfalls Hinweise zur Länge, zu Pausen oder wie mit Fragen umgegangen wird.

4. Machen Sie eine vage Andeutung oder stellen Sie eine rhetorische Frage zum Höhepunkt der Präsentation – ohne schon etwas zu verraten.

5. Der Name des Redners muss allerdings das allerletzte Wort sein – auch wenn dem Publikum bekannt ist, wer auftritt. So wird Spannung erzeugt und der Redner erhält mit seinem Namen das Signal aufzustehen. *„Begrüßen Sie mit mir Herrn …"*

Nach diesen fünf oder sechs spannend formulierten und betonten Sätzen geht es los: Der Redner erscheint auf der Bühne und der Moderator tritt sofort in den Schatten – der Redner ist nun der Protagonist!

41. Ihre Selbstvorstellung

Sind in Ihrem Publikum Teilnehmer, die Sie noch nicht kennen, stellen Sie sich vor. Ich empfehle dies in der Regel erst nach dem Eisbrecher – also dem Spannung aufbauendem Einstieg – zu tun.

Sprechen Sie zu allererst Ihren Namen mit Vor- und Zunamen deutlich aus. Schreiben Sie den Namen auch ans Flipchart oder auf eine PowerPoint-Folie. Erzählen Sie dann kurz, was Sie auszeichnet bzw. als Experten für dieses Thema qualifiziert. Stellen Sie Ihre Leistung dabei nicht zu bescheiden dar. Um nicht als Angeber dazustehen, hilft es Fürsprecher und Referenzen anzubringen *(siehe Tipp 38)*.

Erliegen Sie nicht der Gefahr, Ihren Lebenslauf auszubreiten. Erwähnen Sie ausschließlich Stationen, die Ihrer Reputation zum Thema dienen.

Eine weitere dezente Möglichkeit, Ihren Expertenstatus zu demonstrieren, sind Beispiele. Erzählen Sie Geschichten aus Ihrer Praxis über Fälle, in denen Sie die Lösung entwickelt haben. Auf diese Weise helfen Sie den Zuhörern durch Beispiele, Ihre Informationen besser zu verstehen. Gleichzeitig setzen Sie Ihre Leistung und Ihr Können in Szene.

42. Ihr Name und der des Unternehmens

Haben Sie schon einmal einen Werbespot gesehen, der so lustig war, dass Sie Freunden davon erzählten – nur leider war Ihnen entfallen, um welches Produkt es ging? Das darf mit Ihrer Präsentation nicht passieren.

Schon bei Ihrer Vorstellung durch einen Vorredner muss Ihr Name klar verstanden werden. Auch Sie selbst sollten es nicht versäumen, Ihren Namen und den des Unternehmens oder des Produktes mehrere Male ins Spiel zu bringen.

Sicher sind das Logo und Ihr Name im Eck einer Präsentation hilfreich. Ich empfehle jedoch zu überprüfen, ob es nicht wirkungsvoller ist, ihn nur bei einigen Folien (z. B. Zwischentitel) einzublenden – was ständig gleich ist, wird nicht mehr wahrgenommen.

Sprechen Sie nicht allgemein von *„Wir haben dieses Produkt …"* sondern von *„Wir, von Areax, haben dieses Produkt …"*. Ihren eigenen Namen einzubauen ist schwieriger. Enthält Ihre E-Mail-Adresse Ihren vollen Namen? Haben Sie ein Buch geschrieben? Weisen Sie darauf hin und sagen Sie: *„‚Besser wirken – mehr erreichen' von Michael Moesslang."* Sprechen Sie Ihren Namen dabei immer deutlich aus und geben Sie gegebenenfalls Ihrem Gegenüber eine Eselsbrücke mit auf den Weg: *„Paul Eckstein – wie der Stein in der Ecke."* oder *„Michael Moesslang – M, o-e, Doppel-s und lang wie kurz."*

43. Erzählen Sie Geschichten

Menschen lieben Geschichten, insbesondere persönliche Geschichten, da diese das Gesagte lebendig machen. Mehr noch:

Eine wahre Geschichte gilt als Beweis für Ihre Aussagen und Argumente.

Machen Sie sich auf die Suche nach Geschichten. Ideal sind Geschichten, die

• Sie, das Unternehmen oder das Produkt in ein besonders positives Licht stellen.

• die Historie des Unternehmens betreffen.

• Kunden mit Ihren Produkten erlebt haben.

• zur jetzigen Situation geführt haben.

• Ihren Zuhörern den Nutzen plastisch vor Augen führen.

Formulieren Sie Geschichten spannend, wie Großmütter, die eine Gute-Nacht-Geschichte erzählen oder wie jemand der einen Witz gut erzählt. Verwenden Sie Sprechpausen, wörtliche Rede und kurze Sätze ohne Nebensätze. Formulieren Sie in der Gegenwart, auch dann, wenn die Geschichte sich vor langer Zeit ereignet hat: *„Vor zwei Jahren* **gehe** *ich …“* Und vor allem: Erzeugen Sie Bilder und beschreiben Sie Gefühle. Das sind die Tricks der Krimi-Autoren.

44. Emotionen – der direkte Weg ins Hirn

Geschichten dienen dazu, Emotionen hervorzurufen. Emotionen helfen Ihnen, Ihr Publikum zu überzeugen. Sie beeinflussen die Atmosphäre, die Gedanken und das Verhalten der Teilnehmer positiv.

Menschen lieben Emotionen – sogar unangenehme. Emotionen entstehen jedoch nicht nur durch Geschichten, sondern beispielsweise auch durch

- das Mitfühlen mit anderen Menschen, deren Emotionen nachzuvollziehen sind.

- das Erinnern an frühere Emotionen.

- das Erleben einer Situation, wie das Anfassen oder Ausprobieren eines Produktes.

- Vorstellungskraft.

Sie können die Vorstellungskraft anregen, indem Sie fragen *(„Wie können Sie sich Ihre Küche vorstellen?")* oder eine Anleitung geben *(„Stellen Sie sich vor, Sie liegen im Liegestuhl am Strand!")*. In beiden Fällen kann sich der Adressat gar nicht dieser Vorstellungen entziehen. Bei ihm werden automatisch die entsprechenden Bilder und Emotionen entstehen.

45. Sprechen Sie die Sinne an

Die fünf Hauptsinne Sehen, Hören, Fühlen, Riechen und Schmecken können Sie direkt ansprechen. Nutzen Sie dabei die Zeitdimensionen

1. **Gegenwart:** Die Teilnehmer stellen sich vor, sie würden jetzt etwas wahrnehmen: *„Wie wäre es, jetzt in Rio zu sein?"*

2. **Vergangenheit:** Die Teilnehmer werden an etwas erinnert: *„Als Sie noch ein Kind waren und Ihre Mutter einen Kuchen buk ... "*

3. **Zukunft:** Die Teilnehmer erzeugen eine Vorstellung von der Zukunft: *„Stell' Dir vor, Du gehst morgen ins Kino ... "* oder *„Vielleicht schweben eines Tages unsere Autos über der Fahrbahn und finden von selbst zum Ziel".*

Menschen können sich alles innerlich vorstellen.

In allen Fällen nehmen Ihre Gäste mit sämtlichen fünf Sinnen wahr. Dadurch entsteht ein Erleben, das unmittelbar Emotionen folgen lässt. So können Sie ein angenehmes Gefühl erzeugen. Setzen Sie dies ein, um Ihr Präsentationsziel zu erreichen.

46. Laptop und Beamer

Kaum eine Präsentation läuft heute ohne Laptop und Projektor. Dabei bauen die Architekten und Veranstaltungstechniker die Leinwand meist mittig in den Raum. Die Folge ist, dass Sie als Präsentator entweder in die seitlichen Ecken gedrängt werden oder die Sicht versperren.

Eine Leinwand, die deutlich oberhalb Ihres Kopfes hängt, oder noch besser zwei seitliche Leinwände, sind ideal, jedoch nur in großen Räumen zu realisieren.

Es gibt nichts Unangenehmeres, als eine Projektion, die Sie anstrahlt: Für Sie als Präsentator, weil Sie geblendet werden. Für das Publikum, weil dieses Sie mit buntem Licht im Gesicht sieht und Ihr Schatten auf die Projektionsfläche geworfen wird.

Prüfen Sie immer die Möglichkeit, die Leinwand seitlich zu platzieren. Achten Sie darauf, dass Sie Teilnehmern nicht die Sicht auf die Leinwand verdecken.

Können Sie die Position des Beamers nicht verändern, verkleinern Sie die Projektion mit der Zoom-Einstellung, um Ihren Aktionsraum zu vergrößern.

47. Vom richtigen Zeigen

Wollen Sie auf Ihrer Projektion etwas besonders hervorheben, haben Sie hierzu bessere Möglichkeiten, als mit einem zittrigen Laser-Punkt, den Sie zudem nur einsetzen können, wenn Sie selbst in diesem Moment dem Publikum Ihren Rücken zeigen.

1. Zeigen Sie lieber mit der offenen Hand und dem Publikum zugewandten Gesicht auf die Stelle direkt auf der Leinwand.

2. Nehmen Sie die Fernbedienung des Laptops in Ihre passive Hand, damit die aktive für Gesten und zum Zeigen frei ist.

3. Blenden Sie den hervorzuhebenden Inhalt erst in dem Moment ein, in dem Sie ihn betonen.

4. In der Regel wissen Sie bereits beim Vorbereiten der Präsentation, was Sie hervorheben wollen. Arbeiten Sie mit farbigen Einkreisungen, farbigen Hinterlegungen, fetter Schrift oder Ähnlichem. Diese Elemente lassen Sie erst auf Mausklick erscheinen und wieder verschwinden. Mit dieser Methode können Sie sich insbesondere bei Leinwänden behelfen, auf die Sie nicht mit der Hand zeigen können.

5. Heben Sie Details hervor, indem Sie diese zusätzlich aufs Flipchart notieren oder auf einer weiteren Folie erneut besonders groß zeigen.

48. Tipps zu PowerPoint

Zum Standard geworden, kennen sich trotzdem wenige mit wichtigen Funktionen von PowerPoint aus. Drei hilfreiche Tipps für Sie:

1. Kennen Sie die B-Taste? In jedem Moment, in dem Sie die Präsentation verdunkeln wollen, drücken Sie die B-Taste (B für black) und die Projektionsfläche ist sofort schwarz, bis Sie wieder eine beliebige Taste drücken. Dies ist die einzige Möglichkeit ohne Zeitverzögerung (wie beispielsweise der Stand-by-Modus des Projektors).

2. Bevor Sie eine Präsentation erstellen, sollten Sie sich immer um die drei Masterfolien (Folie, Titel und Notizen) kümmern. Stellen Sie alle Details zu Typografie und Position der Elemente präzise ein. Die Grundeinstellungen sind leider oft wenig hilfreich. Achten Sie danach darauf, so wenig wie möglich auf einzelnen Folien zu verändern. Sie stellen dadurch eine durchgängige Gestaltung sicher.

3. Neuere Versionen von PowerPoint haben einen Präsentationsmodus: Der Präsentator kann sich auf seinem Laptop zusätzlich Notizen oder die nächste Folie ansehen, während auf die Wand die eigentliche Folie projiziert wird.

49. Folien sind kein Handout

Folien, die als Handout dienen könnten, sind zu voll für die Präsentation. Gute Präsentationen reichen als Handout nicht aus. Nutzen Sie deshalb die Notizfunktion von PowerPoint sinnvoll:

1. Beginnen Sie damit, bei zunächst leeren Folien die Notizfelder mit Texten auszufüllen, die Sie später als Handout Ihren Teilnehmern mitgeben wollen.

2. Danach erst gestalten Sie Ihre Folien. Der Vorteil: Auf die Folien können Sie nun wirklich nur das setzen, was die Teilnehmer während der Präsentation brauchen. Und wenn das „nur" ein Bild ist, steht die Information dazu schließlich auf der Notizenfläche.

3. Die Notizseiten können Sie dann ausdrucken, in ein PDF konvertieren oder als Mail versenden – z. B. denen, die nicht teilnehmen konnten.

Mit dieser Methode schaffen Sie die Basis für Folien, auf denen wirklich nur Sinnvolles steht oder abgebildet ist. Gleichzeitig haben Sie ein geeignetes und informatives Handout.

50. Wie viel darf auf eine Folie?

In USA gilt die Regel vier Bullets à vier Worte, in Deutschland siebenmal sieben. Wie viele Folien pro Minute sind maximal zulässig? Was ist richtig, auch in Hinblick auf internationale Märkte?

Feste Regeln helfen nicht weiter. Auflistungen und Text sind ohnehin nur eine manchmal unvermeidliche Notlösung, jede Abbildung ist besser. Die Anzahl der Folien richtet sich nach vielen Faktoren. Manche Folie illustriert minutenlang die Präsentation. Auf der anderen Seite können Folien mit beispielsweise nur einer Aussage oder einem Bild bereits nach zwanzig Sekunden durch eine neue ersetzt werden, also drei Folien pro Minute!

Hier eine Faustregel, die Ihnen weiter hilft, als die Anzahl von Wörter oder Folien:

Der Inhalt einer Folie muss so schnell erfasst werden, wie Sie dazu schweigen können.

Teilnehmer werden eine neue Folie immer zunächst zu lesen und verstehen versuchen. In dieser Zeit hören sie Ihnen nicht zu. Stellen Sie in eigenem Interesse sicher, dass Ihre Folien objektiv in unter drei Sekunden (Text) bzw. fünf Sekunden (Abbildung) verstanden werden können. Reduzieren Sie die Information und zeigen Sie sie schrittweise an, damit die Teilnehmer nicht zu lange lesen.

51. Animationen mit Verstand

Animationen lenken ab und nerven die meisten Teilnehmer – oder? Wild fliegende Elemente will niemand sehen. Doch in bestimmten Situationen unterstützen sie Ihre Aussagen:

1. Eine Liste mit mehreren Stichpunkten erscheint Stück für Stück, immer so weit, wie Sie mit Ihren Worten sind. So bleibt das Publikum bei Ihnen und denkt nicht schon an kommende Punkte.

2. Bei der Darstellung komplexer Illustrationen (wie Organigramm, technischer Ablauf, Schnittzeichnung) gibt ein schrittweißer Aufbau Teilnehmern, die die Illustration ja nicht kennen, die Möglichkeit, sie stückweise zu verstehen.

3. Fallen aus Ihrem Produktsortiment fünf von zwanzig Modellen heraus, zeigen Sie alle und lassen die fünf nach unten fallen. Wurde ein Produkt zum Überflieger, so bewegen Sie es nach oben oder lassen Sie es größer werden. Diese oder ähnliche bildhafte Umsetzungen illustrieren das Gesprochene direkt und unterstützen so sinnvoll die Aussage.

Nutzen Sie Animationen gezielt immer dann, wenn Sie die Aussage wirklich unterstreichen. Lassen Sie dagegen alles weg, was nur „einfach so" animiert ist. Bitte auch die Übergänge von Folie zu Folie nicht grundlos animieren.

52. Lassen Sie PowerPoint weg

Glauben Sie wirklich, dass eine Präsentation ohne PowerPoint heute gar nicht mehr akzeptiert wird? Im Gegenteil! Sie werden äußerst positive Rückmeldungen bekommen, wenn Sie mit Flipchart und Co. arbeiten.

Verwenden Sie dicke, saftige Stifte und präsentieren Sie beispielsweise die erzielte Umsatzsteigerung folgendermaßen:

1. Sprechen Sie zum Publikum über den Umsatz, ohne ihn schon zu verraten. Machen Sie es spannend! Der letzte Satz lautet in etwa: *„und so konnten wir einen Umsatz erreichen von sage und schreibe …"*

2. Nun drehen Sie sich um, nehmen einen Stift, schreiben sehr langsam die Zahl groß aufs Papier.

3. Beim letzten Buchstaben sprechen Sie die Zahl nun zusätzlich bedeutungsschwanger aus.

Sie werden damit eine Spannung erreichen, die mit PowerPoint nicht zu erzielen ist.

Ebenso können Sie Dinge aufmalen, die Sie danach zeremoniell ganz deutlich durchstreichen, weil sie verworfen werden sollen. Oder Sie verwenden zwei Flipcharts links und rechts auf der Bühne, die zweierlei Standpunkte oder zwei zu vergleichende Produkte darstellen. Probieren Sie es!

Nachwort

Ich gratuliere Ihnen, dass Sie bis hierhin durchgehalten haben. Wenn Sie inzwischen alle Tipps befolgen, haben Sie sich zum meisterlichen Redner entwickelt. Herzlichen Glückwunsch!

Wie Sie an weitere Tipps kommen, konnten Sie im Vorwort bereits erfahren. Auf die dort beschriebene Weise können Sie mir von Ihren Erfolgen berichten oder mir und anderen Lesern kundtun, welche Tipps für Sie persönlich ganz besonders gut geeignet sind. Denn jeder Mensch hat andere Vorlieben. Ich freue mich darauf, mehr von Ihnen zu erfahren.

Viel Erfolg mit Ihren nun ganz sicher sehr inspirierenden Präsentationen wünscht Ihnen

Ihr Michael Moesslang

Wirken. Sie. – Mit Michael Moesslang

Ihre Wirkung, Ihr Nutzen

▶ Wie Sie mit Ausstrahlung und charismatischem Auftreten in Gesprächen überzeugen
▶ Mythos Authentizität – wie Sie professionelle Authentizität erzielen und optimal wirken
▶ Selbstsicheres Präsentieren ohne Lampenfieber unter Nutzung Ihres vollen Potentials

Impuls-Vorträge (deutsch und englisch)

Spannende und unterhaltsame Vorträge für Ihre Firmen-Veranstaltung:

▶ Wirken. Sie. - Wie Sie gewinnend überzeugen
▶ Präsentieren. Mit Wirkung. Überzeugend. - Mit wirkungsvoller Präsentation zum Erfolg
▶ Frauen. Wirken. Mit Persönlichkeit. - Sicher auftreten und in einer Männerwelt überzeugen

Profi-Seminare (deutsch und englisch)

Seminare rund um die Wirkung und das Auftreten mit Michael Moesslang für Ihr Team.

Auftritts-Coaching (deutsch und englisch)

Im Coaching optimieren Sie Ihre Wirkung und Ihren Auftritt oder bereiten einen bevorstehenden Auftritt vor. Auf Wunsch wird auch an Inhalt, Dramaturgie und Inszenierung gearbeitet.

Institut für Persönliche Wirkung
Ammerstraße 7f · 81479 München
+49.89.75 99 92 33

MM@Moesslang.com
www.Michael-Moesslang.de

Buchen Sie Performance

Impuls-Vortrag, Seminar oder Coaching für erfolgreiche Führungskräfte und Mitarbeiter oder als Highlight Ihres Events für Ihre Kunden, Geschäftspartner und Belegschaft.

© wolf-bild.de

Wer so redet, dass er verstanden wird,
redet immer gut.

JEAN-BABTISTE MOLIÈRE